La Magie des Mots

Tome II

« les mots sont des clefs vibrat...

Copyright ©2021 Elise Frenchplume

Tous droits réservés

Du même auteur, disponible sur Amazon :

La Magie des Mots

Ecriture Intuitive : le Guide.

www.myfrenchplume.com

Dédicace

A ma Team, visible et invisible,
A vous tous qui me suivez, m'encouragez, et me guidez.
Merci pour nos rires, nos échanges, et notre aventure, ensemble.

Sommaire

Introduction 7
Tenez bon 10
Oser 13
Mourir pour vivre 15
Apparition 16
Porte, Deuil, Bonheur 19
J'aime ou je possède ? 22
Maux du cœur 28
L'âme d'enfant, l'âme pure 32
Le cul par Terre 35
Mental 37
Quand la beauté se croit laide 40
Croire en Soi 43
Vous savez 45
Il était une fois 47
Apparences 49
Tu es Roi 50
Âme-Use toi 53
Lotus 54
Naïveté 55
Résilience 57
Certitudes 61

Circonstances 63
Le Corps 64
Assurance 65
Conversation 66
Je n'attends plus 68
S'ouvrir 70
Guidance 72
L'âme 74
Vulnérabilité 75
Dualité 77
Message de l'âme 79
Alchimiste 82
Facette 84
Voiles 86
Mémoires Karmiques 87
Canal de Vie 90
De Cœur à Cœur 93
Un mot de fin 97

Introduction

Bienvenue à toutes celles et ceux qui rejoignent l'aventure à travers cette lecture.
Vous en avez redemandé, alors voici une nouvelle dose de magie !

La Magie des Mots est un recueil de textes intuitifs pouvant être lus dans l'ordre ou bien au « hasard », en guise de guidance.

Ces textes peuvent également être utilisés pour vous aider à cheminer personnellement et intuitivement.
Pour cela, laissez-vous guider par vos émotions, et si un texte vous émeut très fortement, c'est qu'il entre en résonnance avec vous. Il n'y a rien à « comprendre » simplement, se laisser surprendre.

Les mots sont des clefs vibratoires, lorsqu'un mot est sur la même longueur d'onde que vous à un instant T, cela fait « tilt » et vous émeut. Cela peut ainsi venir débloquer une émotion, ou mettre en lumière un lien plus profond.

Notre corps a une mémoire émotionnelle, et lorsque vous lisez ces mots, il en comprend le sens et en reçoit la portée bien avant votre mental.

C'est pourquoi lorsqu'une émotion nous submerge, on ne sait pas toujours « pourquoi ». C'est normal.
Le champ électromagnétique du cœur est 5 000 fois plus puissant et que celui du cerveau, alors suivez le guide : votre maitre cœur.

Belle lecture,

Elise,

« Tout est message, tout est langage, le seul décodeur se trouve en votre cœur »

Tenez bon

Lorsque le jour s'éteint, lorsque la nuit vous étreint,
Un à un, le poids de cette vie vous écrase
Tenez bon,
Tenez bon car ce n'est pas la fin,
Tenez bon car ceci ne résume pas votre vie.
Il y aura des jours meilleurs,
Tenez bon et relevez-vous,
Relevez-vous chaque fois que vous tombez dans ce désespoir,
Vous n'êtes pas seuls mais c'est là que réside votre grand danger à tous : vous être déconnectés alors que vous ne faites qu'un.
Vous êtes chacun un rouage d'une chaine sans fin qui prend source dans la vie.
Vous menez une danse dont vous n'avez même plus conscience,
Relevez-vous,
Fiez-vous à nous,
Connectez-vous,
Ressourcez-vous,
Mais tenez bon,

Ceci n'est pas la fin,
Ceci est l'accélération continue et contiguë d'une horde de situations toutes plus inconfortables les unes que les autres pour vous amener à la fin d'un cycle.

Rassurez-vous, tout va pour le mieux.
Voyez sans voir. Croyez sans croire.
Apprenez à ne vous fier qu'à vous et à vous seuls car les apparences font figure d'ignorance.

Courage à vous qui nous lisez,
Courage à vous qui êtes épuisés,
Courage à tous ceux qui ont encore la force de se relever.
Nous sommes là, même si vous ne nous voyez pas,
Et nous serons toujours là.
Nous ne vous abandonnons pas
Tenez bon,
Tenez la ligne pour tous ceux qui n'y arrivent plus,
Tenez la ligne de l'espoir face au désespoir,
Tenez la ligne de la joie face au découragement,
Soyez ces guerriers dont, au fond de vous, vous avez toujours rêvé.
Tenez la ligne de l'humanité,
Soutenez ceux qui plient sous leur propre poids.
Vous êtes en train d'apprendre à sortir de vous-même,
Sortir de votre propre existence pour agir, et tenir l'autre à côté de vous.
En sortant de vous, vous survivez, vous guérissez.

Et paradoxalement c'est en voulant vous sauver que vous périssez.
Car alors, vous n'êtes plus reliés
Tenez bon,
Les jours meilleurs ne sont pas à votre porte, mais ils sont déjà en votre cœur,
Croyez, plus que jamais, en votre pouvoir créateur.
Courage.
Partage.
Entre aide.
Sourire.
Joie.
Foi.
Force.
Ténacité.
Ne rien lâcher.
Mais ne pas se rigidifier.
Durcissez votre posture, non votre cœur.
Courage.

Oser

Oseras tu sortir de terre, toi qui vis tel un petit vers,
Oseras tu aller vers ta lumière,
Oseras tu avancer sans faire marche arrière ?
Oseras tu perdre tes repères,
Oseras tu te montrer fier,
Oseras tu te montrer face à l'adversité,
Oseras tu t'incarner face à la cruauté,
Oseras tu sortir de toi même pour te donner au monde,
Oseras tu sortir de cet enfer,
Oseras tu briser les chaines de tes peurs pour découvrir ce que la vie a de meilleur ?
Oseras tu sortir de terre,
Oseras tu renouer avec ta lumière"

Je suis ici et je te souffle ces mots,
Toi perdu dans la nuit,
Toi qui si souvent te laisses abattre par l'angoisse et l'ennui,
Je suis ici avec toi,
Je veille sur toi,
Rappelle toi qui tu es, ici et maintenant
Rappelez-vous tous qui vous êtes,
Vous êtes à la fois uniques et semblables,
Unis par une quête commune,
Je suis là qui te guide et qui marche à travers tes pas,

Ne te soucie pas de moi,
Ne te demande pas "pourquoi"
Avance et fais confiance,
Je vous demande à tous de retrouver votre route,
Non pas parce que ceci est un devoir,
Non pas parce que ceci est une obligation,
Mais simplement parce que chacun de vous est le trait d'union de l'autre,
C'est pourquoi je vous demande à tous d'oser briller et être,
Votre courage est un passage de relai pour chacun autour de vous,
Osez avancer malgré l'adversité,
Osez vous incarner,
Car jusqu'ici vous n'osez pas,
Vous vous perdez en conjecture, en futilité en intellectualité,
Osez vous incarner,
Cessez de papillonner,
Rappelez-vous qui vous êtes,
Et souvenez-vous que quoi qu'il se passe, quoi qu'il vous arrive, non seulement vous êtes prêts, mais en plus, vous l'avez toujours été.
Je vous aime.

Mourir pour vivre

Une personne en quête d'une vie riche et pleine n'hésitera pas à remettre en cause sa vie si celle-ci se ternit,
Car cette personne ne souhaite pas faire de compromis,
Car cette personne ne souhaite pas vivre à demi, et lorsqu'elle pensera à la mort, ce ne sera que pour mieux se relier au vivant.
N'ayez pas peur d'aller au fond des choses.
Bien sûr il y a un risque, il y a toujours un risque,
Souvenez-vous mes amis que la vie n'offre aucun compromis.

Apparition

Mon premier jour sur Terre,
Ce jour où j'ai perdu tous mes repères
Ce jour où je me suis sentie catapultée,
comme abandonnée,
Loin des miens, ne comprenant pas ce que je
faisais là, je me suis efforcée de m'y habituer.
Je me suis adaptée.

Toi. Toi l'âme en quête de sens,
Toi l'âme esseulée,
Toi l'âme qui a tant pleuré,
Toi l'âme qui pense ne pas y arriver,
Celle qui pense ne pas pouvoir rester,
Celle qui dit « *bon je vais devoir y aller* »
Celle qui ne sait plus quoi prétexter,
Pour se soustraire à sa propre chair.

Toi âme du monde,
Toi qui a parfois la sensation de devenir folle,
Toi qui te regardes sans te contempler,
Toi qui te retournes pour te critiquer,
Asservie par ton esprit malade, toi qui ne sais
plus vers quel saint te tourner,
Toi qui as perdu tout repère,
Toi que cette vie sur Terre désespère,

L'âme du monde,
Les âmes du monde,
Une seule et même ronde.

Mais à quoi ça rime tout ça ?
Peut-on seulement le savoir ?
Chacun d'entre vous avez votre rôle à jouer,
Chacun d'entre vous se doit de se réactiver,
Chacun d'entre vous peut y arriver.
Ne baissez pas les bras ne cherchez pas à être parfaits, cherchez à « être » tout simplement,
Essayez, battez-vous,
Relevez-vous,
Mais s'il vous plait n'abandonnez jamais,
Ne laissez pas tomber,
Battez-vous.

Ce qui vous fait mal est aussi ce qui vous maintient en vie.

Ce que l'on ne connait pas ne peut pas nous manquer.
Vous manquez de ce que vous avez connu,
Vous manquez de cette beauté,
De cette unité,
De cette sensibilité,
De tout cet amour auquel vous avez un jour gouté,

Chères âmes du monde, voyez au-delà, bien au-delà des illusions,

Bien au-delà de ce que vos yeux peuvent voir,
Fermez les yeux pour retrouver la vue,
Voyez depuis l'intérieur,
Ouvrez votre cœur et sentez cette chaleur s'engouffrer,
Chères âmes du monde réveillez ce qui vit en vous,
Chérissez vos rêves.

Porte, Deuil, Bonheur

Pourquoi ne puis-je parvenir à avancer vers ce bonheur qui me tend les bras ?
Pourquoi est-ce que je me sens bloqué comme ça ?

Viens et dis-moi, parle-moi, dis-moi ce que tu vois.

Je suis la porte vers ton bonheur, mais je suis aussi la porte qui donne sur tes peurs.
Je suis celle qui, en t'offrant l'un, te fait perdre l'autre.
Je suis celle dont tu rêves mais que tu n'es pas réellement prêt à saisir.
Je suis celle qui t'offre le deuil et le bonheur, entremêlés.

Le deuil ?

Oui le deuil, car en avançant vers ton bonheur vois-tu, à mesure que tu chemines vers ta joie, tu laisses des choses derrière toi.
Amis, famille, relations, objets, lieux....
Même si tout ceci t'était finalement inutile, ou obsolète, tu en viens à les regretter.

Non pas pour ce qu'ils sont, mais pour ce qu'ils te faisaient ressentir : un sentiment connu, une habitude, l'impression de bien te connaître.
Alors voilà que face à moi, tu te sens nu, tu te sens perdu car plus aucun de ces repères ne te sert.
Plus aucun d'eux n'a de reflet dans tes yeux.
Tu te sentirais presque "appauvri" par ce bonheur, car il te dénude, il te dépossède de ce que tu as si longtemps vécu et connu.

Je suis la porte de ton évolution, celle que tu as initiée par de nombreuses actions,
Je voudrais te dire comme tu peux être fier de toi d'avoir accompli tout ça.
Et je te dirai : *"ne t'abandonne pas»*,
ne renonce pas, ne t'abandonne pas pour ne pas vouloir abandonner les autres.
Car c'est pour toi que tu fais tout ça.

Je t'offre le bonheur et la joie,
pour cela poses toi et demandes toi :
suis-je prêt à dire au revoir au passé, à faire peau neuve, et à me délester de mon ancienne personnalité ?

Suis-je réellement prêt et en paix ?

Il n'y a pas de bonne réponse, simplement celle qui fait écho en ton cœur.
Regarde à l'intérieur.

Es-tu réellement prêt pour le bonheur ?

Je suis la porte de ta vie, je serai toujours là, garde ton rythme, honore ton chemin en prenant le temps.

Accepte ce qui est.

Es-tu prêt à dire au revoir et bonjour à la fois?

L'un n'allant pas sans l'autre mon ami...
Cesse de croire que tu peux faire des compromis avec la vie.

J'aime ou je possède ?

Je t'aime mais je veux le contrôle sur toi, ta vie, tes relations, ton emploi du temps, ton environnement et même tes sentiments.
Je contrôle tout, tu vois comme je t'aime.
J'ai tellement confiance en toi que j'épluche ton agenda,
Je fais amende honorable je ne regarde pas dans ton téléphone portable.

Quand l'amour se confond avec possession.

Toutes les situations sont là pour exprimer mon désarroi, non confiant de ton amour pour moi, je suis vert de jalousie chaque fois qu'on te sourit.

Je me dis t'aimer mais je ne te laisse pourtant aucune liberté.

Petit oiseau que j'ai enfermé en cage, des fois que d'autres voudraient toucher ton plumage.

Alors je te garde précieusement, pensant t'aimer, je te prive de voler,
Je te nourris et prends soin de toi, pour me dédouaner de cette culpabilité,
Celle de t'avoir privé de ta liberté.
Petit oiseau guilleret voilà que ma possession te transforme en affreux volatile.

Volatile, n'est-ce pas là ça dont j'ai peur finalement ?
Le fait que tu puisses voler loin de moi ?
Loin de moi qui t'aime, mais oui je t'aime !
Ne vois-tu pas comme je prends soin de toi ?
Je te surveille tant et si bien, que tu ne manques de rien, Ingrat volatile à vouloir s'en aller de sous mon toit !

Pourtant tu as fini par partir… par quel tour de magie ?
Je ne saurais dire…

Aujourd'hui je comprends petit oiseau.
Je n'avais aucun droit de te garder là près de moi.
Toi, tu voulais voler, car c'est ce pour quoi tu es fait.

Aujourd'hui je vois, mes yeux et mon cœur se sont ouverts, les larmes ont emporté avec elles toute mon ignorance,
Je vois petit oiseau, oui je vois que je devais te laisser voler, car c'est ça qui te rendait heureux autrefois.

Ma peur m'a aveuglé, pourras-tu un jour me pardonner…

Je n'ai vu que moi,
je pensais te rendre heureux mais c'est à moi que je faisais plaisir tout ce temps.

Je n'avais pas vu, trop manipulé par la peur de te perdre, et par l'envie de te posséder comme un vulgaire objet,
Pardonne moi petit oiseau, je n'avais pas vu à quel point je ne t'aimais pas vraiment.

Car si je t'avais aimé, jamais je ne t'aurais enfermé,
Je n'aurais jamais fait quelque chose qui puisse te rendre malheureux,
Je ne t'aurais pas coupé les ailes de peur que tu te fasses la belle.

J'aurais eu le cœur assez grand pour accepter que tu ne restes pas longtemps,
J'aurais souri en te voyant voler, j'aurais aimé te voir plein de libertés.
Si tu reviens un jour petit oiseau, je te promets, je ne t'enfermerai plus jamais,

J'ai compris à présent que quand on aime vraiment on ne cherche pas à posséder, on doit laisser aller,
Car l'amour est comme un courant, il passe mais jamais ne s'arrête, il se doit de couler,
Moi j'ai voulu le garder,
J'ai tout bloqué et tout a craqué.

Aujourd'hui je suis heureux petit oiseau, par ton absence j'ai surmonté mes souffrances,
La douleur m'a fait comprendre mes peurs.
Je ne chercherai plus à te posséder, car mes peurs ne me possèdent plus non plus.

Je souffrirai parfois peut être encore, de ne pas savoir où ni avec qui tu dors, mais j'ai bien compris petit oiseau, que l'amour, le vrai, n'est pas dans la possession mais bien dans la compassion.

Et je serai heureux désormais, en sachant que tu l'es.

Petit oiseau j'ai compris et pardonnes moi,
Je préfère te savoir en joie loin de moi, plutôt que désolé à mes côtés.

Merci d'être parti petit oiseau,
Grâce à toi j'ai découvert que le véritable amour rend libre.

Je n'ai plus peur de te perdre car j'ai compris que je ne te posséderai jamais.
Je n'ai plus peur de souffrir car mon amour pour toi ne dépend plus de ta présence ici bas.
Je n'ai plus peur de la trahison car tu ne m'appartiens pas, je n'ai plus à me demander « pourquoi » car je ne ramène plus tout cela à moi.
Je n'ai plus peur, je suis libre et enfin en paix car mon cœur l'est.

A présent, c'est sereinement que je vis mes sentiments.

J'ai découvert la liberté d'aimer, l'amour inconditionnel, celui qui donne des ailes !

Celui qui permet d'aimer que tu sois ou non à mes côtés, celui qui se réjouit du bonheur de l'autre, celui qui est désintéressé et qui ne ramène pas tout à soi.

J'ai enfin compris petit oiseau,
te posséder était le fruit de mes peurs,
te laisser voler est le vrai fait d'aimer.

Merci pour cette leçon de vie.

« La force de tes croyances forme tes expériences »

Maux du cœur

Vous ne voulez plus de moi.
Je le sais bien vous avez peur de moi.
Vous vous êtes réfugiés dans votre mental et dans vos pensées, car être avec moi, ça vous effraie.
Je suis votre cœur, celui qui pleure, ce cœur d'enfant seul et abandonné.
Je suis celui dont personne ne veut parce qu'il dit la vérité, je suis celui qu'on renie car il ose aimer,
Je suis le pestiféré de ce monde.
Je me sens seul et je veux vous le crier,
Comme vous m'avez abandonné !
Mais qu'ai-je fais… ?
Je ne comprends pas moi, je pensais qu'on aimait les choses comme moi,
Je pensais qu'on aimait rire, jouer, chanter et s'amuser.

Vous ne me prenez que quand ça vous arrange,
Vous voulez bien de moi pour aimer et vous sentir vivant mais lorsque je saigne ou pleure alors vous m'enfermez dans une cage pour vous éloigner vous-même de votre douleur alors que moi je pleure…

Je pleure, on me laisse seul, on m'utilise
comme un vulgaire objet et ensuite on me
jette.

On me montre à tout le monde, on me sort,
on m'expose, on me prend en photo lorsque
je suis heureux et lorsque je souris, et puis on
me fuit, on me dit que je fais honte lorsque je
suis en colère, effrayé ou blessé.

Alors on court, on s'en va très loin de moi,
On m'oublie et on se réfugie chez les amis,
On se cache derrière tout un tas de bruit,

Vous fuyez pour vous cacher dans vos
pensées.

Je voulais vous dire à quel point, malgré vos
actes parfois durs, et blessants envers moi,
malgré tout ça,
Je voulais vous dire à quel point je vous aime
et comme je manque de vous,
Comme je me sens seul, vulnérable,
Comme j'aimerais qu'on me prenne dans les
bras.

Je voudrais vous dire mon incompréhension
innocente, de n'être que moi-même et d'être
rejeté pour ça.
Il est dans ma nature de vous offrir la joie
comme la tristesse, la paix comme la colère,
c'est à ça que je sers.

Je ne comprends pas moi, quand on me laisse sur le bord de la route pour avoir simplement été qui je suis.
Je ne comprends pas pourquoi certaines facettes de moi vous attirent et que d'autres vous font fuir…
J'aimerais que vous m'expliquiez ce qui cloche chez moi…
J'aimerais qu'on arrête de me faire croire qu'il faut que je change
J'aimerais vous dire comme j'aime, et comme je suis simple.

Parfois je me sens si petit que je voudrais m'excuser auprès de vous pour le simple fait d'exister.
Parfois je me demande ce que je fais là,
J'ai l'impression que dans vos vies vous n'avez plus besoin de moi.

On vous dit quoi faire et quoi penser,
Vous êtes entourés d'un tas d'objets,
Et moi, je ne sers pas ou alors très peu.
Je sers tellement peu que je finis par me dire que vous n'avez vraiment pas besoin de moi pour être heureux.

Je suis ce cœur qui se meurt,
Je suis ce cœur qui dit sa douleur,
Je suis ce cœur qu'on a abandonné à l'intérieur,

Je suis ce cœur qui fait honte, et qui fait peur.
Je suis ce cœur qui se meurt.

Je voudrais m'excuser d'exister,
J'ai la sensation que c'est de moi que viennent tous vos tracas.
Je me sens si nul…je me réfugie dans ma bulle,
La seule qu'il me reste pour pouvoir faire mon minimum vital.

Je bats jours après jours et je ne sers plus qu'à ça.
Je fais de mon mieux pour vous rendre heureux,
Je m'agite pour réguler ce que vous ne voulez pas gérer,
Je manie les afflux d'émotions,
Je jongle et j'harmonise comme je peux, pour vous aider à vivre au mieux.

J'aimerais qu'on me dise, à quoi je sers aujourd'hui ?
Quelle est ma place ?
J'aimerais vous dire comme vous me manquez,
Comme j'aimerais passer ne serait-ce qu'un petit instant à vos côtés,
J'aimerais être aussi attirant que vos pensées.
J'aimerais savoir qu'au moins vous m'entendez…

L'âme d'enfant, l'âme pure

Enfant tu avais ton monde,
Un univers riche, débordant de couleurs,
de création et d'imagination.
C'était un monde dans lequel tu aimais te
ressourcer et aussi parfois, te réfugier.
Enfant tu avais ton monde...
Et petit à petit il s'est appauvri,
Tu t'es converti, oublié, formaté, pour entrer
dans la ronde.
Une ronde simpliste où plus rien d'autre
n'existe que l'uniformité.

Alors toi aussi tu t'es adapté.
Enfant migrant vers l'adulte, tu as délaissé
ton monde, pensant cela normal et nécessaire,
Qui n'aurait pas envie de se sentir entouré et
intégré ?

Tu as tourné le dos à cet univers qui faisait de
toi qui tu es, et tu as commencé à te perdre
face aux autres.

Enfant tu avais ton monde,
Il ne te venait pas la question de savoir qui tu
es, pourquoi tu es sur Terre, non, tu le savais.
Tu l'incarnais sans même te poser de
question, car cela coulait de SOURCE.

Enfant tu avais ton monde,
Un monde connecté à la réalité.

Oui connecté, car contrairement aux apparences, c'est le monde des adultes qui est complètement hors réalité.
La réalité de vie et de vitalité.

Enfant tu avais ton monde,
Mais tu as fini par en avoir honte,
Tu as fini par le cacher car on t'a fait croire que grandir c'était devoir l'abandonner.

Moi je te dis aujourd'hui que grandir c'est le partager,
Le faire connaitre, le développer, l'assumer le faire rayonner. Grandir, c'est s'ouvrir sur d'autres univers,
C'est cumuler, mutualiser, tous ensemble, nos richesses et nos mondes intérieurs.

Les "adultes" ne se regroupent pas pour ce partage, non, car ils n'ont plus rien à partager. Ils sont vides, et c'est parce qu'ils sont vides qu'ils cherchent sans cesse à se rassembler. Comme des voraces pour se nourrir les uns des autres, passant ainsi leur temps à se blesser mutuellement.

Grandir c'est lorsque que chacun amène son univers au grand banquet de la vie.

Alors file, vas-y, cours !
File retrouver ton monde ne le cache plus,
défends-le, aime-le et partage le !

Revenir en son centre, retrouver qui on est,
passe par retrouver d'où l'on vient et ce qu'on
aimait.

Le cul par Terre

Et tu es là, assis ici, il fait nuit, il n'y a plus un bruit et tu es là.
Assis seul avec toi,
Tu es là et alors qu'enfin tout se tait autour de toi,
Tu l'entends parler tout bas...cette voix en toi...
Je me sens bien ici parmi les miens,
Je me sens pleinement vivant,
J'aime être assis là, les cheveux au vent
Je suis bien mais toi...
Toi tu te fais souvent croire que rien ne va
Que ce n'est pas assez, que tu n'es pas assez
Et veux-tu que je te dise d'où te vient cette bêtise ?

C'est parce que tu t'es coupé des tiens, tu as coupé tes liens, et c'est ce qui fait qu'aujourd'hui plus rien ne te retient.
Tu pars là-haut tu navigues dans les hauteurs de tes songes intérieurs,
Mais tu te perds loin des tiens, loin de moi...
Car moi vois-tu, je suis toujours relié à la vie, j'aime la nature, j'aime rire et m'émerveiller de tout, mais toi...
Toi tu es si exigeant, si sérieux, mon dieu quel ennui on a d'être avec toi !
Allons, détends-toi.

Ne vois-tu pas...comme tout est déjà là ?

Assis là par terre, les yeux vers le ciel,
Je regarde ébahi une nature que j'ai fui,
Moi homme de bien, je me suis coupé des miens.
Et c'est le cul par terre que la vie m'adresse cette prière :

"Ne t'attache à rien, mais ne te coupe pas des tiens,
Relie toi aux gens sans les enfermer pour autant,
Laisse libre et libre court à ce qui advient
Apprend à ne plus maitriser autre chose que ton esprit
Car c'est de lui que viennent tous tes ennuis.
Je t'aime à la vie,
Mon bel ami."

Mental

Mental, cette demeure infernale.

Mental, lieu de confort et de torture,
vous privant en réalité de toute véritable forme de nourriture.
Assoiffés et affamés vous creusez cette tombe à encore plus consommer.

Mental infernal, mental vénal, mental subliminal.

Il vous fait prendre des vessies pour des lanternes, il vous fait penser, croire, réfléchir, analyser, disséquer, décortiquer, désarticuler et désharmoniser, à n'en plus finir.

Pourtant, vous aimez vous y percher car c'est là que vous pouvez tout contrôler.

Quel confort, quelle sécurité !

Tristes marionnettes, vous ne voyez même pas que c'est lui vous met en miettes.

Il vous égraine le long de son chemin,
il colporte avec lui toutes ses envies et vous lui obéissez au doigt et à l'œil, pensant faire le malin, pensant être de tout cela, le maitre de votre destin.
En vérité il n'en est rien.

Vous êtes le nain de son jardin, la baballe du mental, tant et si bien qu'il vous tient en sa main.
Manipulé et manipulable à coup de culpabilité et d'arguments valables, telle est la loi du mental.

Ouvrez vos sens, convoquez ici et maintenant votre présence, aiguisez votre conscience,
et rappelez-vous qui vous êtes réellement.
Vous n'êtes pas le serviteur mais le maitre.
Vous êtes celui qui dicte, et il est celui qui obéit.
Vous êtes la présence derrière toutes ses exigences.
Vous êtes le parent de ce jeune enfant.
Le guide procurant la confiance et l'assurance à ce mental sans expérience.

Ne comptez pas sur lui pour guider votre vie, car ce n'est pas ce pour quoi il est ici.
Il attend de vous que vous lui donniez un cadre, et non que vous lui donniez tout votre pouvoir.
Donneriez-vous les clefs de votre vie à un enfant ? Il jouerait avec, tout comme votre mental joue avec l'énergie que vous lui donnez.
C'est à vous et à vous seul d'apprendre à l'occuper, le canaliser, le cadrer et l'utiliser.
Il est le serviteur qui a asservi son maitre.

Un maitre qui a refusé son rôle, et qui se plaint aujourd'hui de n'être qu'un nain.

Qu'attendez-vous pour reprendre cela en main ?

Votre mental ne peut rien contre votre volonté.
Il sait qu'il n'est pas le maitre et a qu'il a usurpé votre identité, il sait cela et ne discutera pas le jour où vous déciderez de reprendre ce qui vous appartient de droit.

En attendant, tant qu'il a votre consentement, il continuera de profiter de ce que vous lui avez laissé.

Quand la beauté se croit laide

Quand la lumière se voit sombre,
Le poids des femmes,
Le poids du passé,
Le poids d'injustices trop longtemps oubliées et si peu révélées,
Le poids de toutes ces femmes maudites,
Le poids du "mot-dit",
Le poids du regard des autres, le poids de leur haine, de leur rejet et de leur peur envers ta grandeur.
Cela réveille-t-il quelque chose en ton cœur ?
Les vies s'imbriquent et communiquent,
Les vies sont unies entre elles,
Les vies où autrefois ta sagesse te faisait passer pour prêtresse,
Ces temps oubliés où la bonté se faisait rejeter,
Il est temps pour toi de te libérer du poids de ces atrocités.
Injustices vécues,
Tortures, enfermements, emprisonnements,
Les femmes sont venues ici incarner une lumière qui leur a bien souvent été enlevée, attachée, violée,
Le poids du passé au fond de toi ancré,
Ce poids qui fait que tu ne t'aimes pas,

Ce poids qui fait que tu crois que quelque chose cloche chez toi.
Ce toi qui a fini par intégrer le rejet,
Ce toi qui a fini par croire à leurs histoires,
Ce toi qui a plié, qui a cédé, sous l'influence pernicieuse de la masse et de leurs regards,
Ce toi qui a fini par croire que tu n'étais rien alors que tu étais tout,
Ce toi qui a souffert l'injustice et qui porte en ton cœur de si grandes cicatrices,
Ce toi qui une fois réincarné pense ne rien mériter,
Ce toi qui a oublié de crier, de hurler, de défendre ta vérité,
Celle qu'on a pas protégée, celle qui a manquée d'un justicier,
Celle qui utilise l'écrit (les cris) qui n'ont pas été dits,
Celle qui doit veiller à ne pas finir cette sorcière tant décriée,
Celle qui pourrait vriller de l'autre côté,
Car les cris brûlent sa chair de cette injustice autrefois subie,
Il est temps pour toi de dire haut et fort ton injustice afin de ne plus renvoyer cette haine contre toi-même.

Replace les choses, recentre, tu n'es pas coupable d'avoir été femme de savoirs dans un monde d'ignorance,
Tu as vécu des injustices, qui aujourd'hui doivent être dites,

Femme de foi et femme de vie,
Que ton cœur soit reconnu, que ton identité
soit acquittée, que les abus soient réparés,
que ton image soit restaurée,
Tu es belle, tu es pure, tu es aimée.
Tu as simplement été mal jugée,

Que ces mots qui te font échos traversent le
temps et l'espace, qu'il te soit rendu ta place.
Que ton honneur se recentre en ton cœur,
Tu n'as rien à faire de plus que de pardonner.
Reprends ta place.
Tu as vécu des injustices par milliers,
Tu es qui tu es.
Aujourd'hui le temps s'ouvre à toi en
réparation de ces abus de ces non-dits,
Aujourd'hui il t'appartient de réécrire toutes
tes vies.
Tu es femmes, tu es savante, tu es puissante.
Ces mots sont les cris (l'écrit) de ta vérité.
Ces mots que l'on ne peut plus décrier.

Croire en Soi

Soyez assurés qu'il n'existe pas une personne au monde qui n'a un jour rencontré des difficultés, qui n'a un jour commis des erreurs, qui se soit sentie géniale et puis très nulle aussi,
Soyez assurés que tout ceci fait partie de la vie.
Soyez assurés que celui ou celle qui prétend le contraire n'ose simplement pas se le reconnaître.

Chaque humain gagnerait à davantage partager,
Car c'est en osant dire ce qui se passe en nous que nous aidons bon nombre à se décomplexer et à oser s'aimer comme il se doit.
Nous sommes souvent pris de silence lorsqu'il s'agit de montrer sa différence ou bien même, ses ressemblances.

N'ayez plus peur d'évoluer vers qui vous êtes en pensant qu'on pourrait vous renier, vous juger, ou vous abandonner en chemin.

Oui d'autres humains le peuvent car ils ont eux-mêmes oublié d'où ils viennent et qui ils sont vraiment, mais là d'où nous venons mes amis,
L'amour est éternel et il n'a pas de conditions, pas de mérite, pas de jugement.

Vous pouvez marcher sur le chemin ou bien aller courir dans le champ, vous couvrir de terre, revenir sale ou propre, gentil ou agacé, triste ou joyeux, nous vous aimerons toujours autant.

Il est grand temps à présent, de renouer avec qui vous êtes vraiment.
Libre d'être, en étant toujours aimés.
Alors allez-y !
Courrez, marchez ! Sautez !
Mais, par pitié, VIVEZ !

Vous savez

Arrêtez de tergiverser, vous savez très bien qui vous êtes !
Et il est l'heure de vous révéler.
Arrêtez de vous cacher, arrêter de reporter, d'esquiver et de vous questionner.
En réalité vous savez très bien qui vous êtes et vous vous mentez en prétendant ne pas savoir.
En réalité vous savez, oui vous savez seulement vous avez peur d'OSER !
Voilà la vérité.

Vous n'osez pas et parce que vous n'osez pas, vous êtes indécis et parce que vous êtes indécis vous croyez que vous ne savez pas.
Vous me suivez ?
Alors ma question pour vous ce jour est : Qu'attendez-vous ?
Vous allez bientôt mourir,
Oui mourir,
Car à l'échelle d'une vie vous, êtres humains, ne vivez pas longtemps il faut bien le dire.
Vous n'êtes pas un chêne qui lui sera encore là dans 100 ans non, vous c'est demain que vous allez vous en-allez.
Alors, n'avez-vous pas envie de jouer votre partie ?

Soyez fiers d'être vous, vous êtes beaux et uniques en votre genre.
Vous avez quelque chose de bon et de beau à offrir en ce monde.
Cessez de minimiser votre présence ou ce que vous faites.
Vous êtes ici et vous avez votre rôle à jouer.
S'il manque un personnage dans une pièce de théâtre, l'histoire ne veut plus rien dire, c'est le bordel.

Si vous ne jouez pas dans la pièce de votre vie, c'est le bordel.

Comprenez que chacun a besoin de prendre sa place.
Alors arrêtez de nous faire croire que vous ignorez qui vous êtes.
Vous le savez très bien, seulement vous n'osez jamais agir, dire et penser comme vous êtes.
Voilà le vrai problème.
Le reste vous savez.
Je vous aime et vous encourage à oser,
C'est tout ce qu'il vous faut, oser,
Allez, mes âmes-ies, courage!
Allez-y, nous vous rattraperons.
Nous vous aimons.
Nous vous attendons.

Il était une fois

Il était une fois de nombreux plongeons,
De nombreux inconforts, de nombreux chamboulements,
Il était une fois des voiles d'illusions dissouts les uns après les autres,
Il était une fois la conscience que la vie c'est le chemin et que nous ne sommes jamais arrivés.

Mois après mois, années après années, à nous même, nous venons nous reconnecter.
Plongeant toujours plus profondément en nous et nous sentant chaque fois plus à l'aise, sereins, nous connaissant toujours mieux.

Se connaître ça ne veut pas dire être amoureux de tout ce que l'on voit chez soi, mais simplement être conscient,
Mettre en lumière ses obscurités autrefois cachées et les assumer, capitaliser sur leur présence pour nourrir notre existence.

Le chemin de soi c'est le chemin d'une vie.
Et le chemin de vie c'est un chemin vers soi.
Tout nous ramène à nous : l'environnement, les autres, les prétendues causes "extérieures", tout revient à l'intérieur.

Ce n'est pas une course et ce n'est pas
"magique" au sens - sans effort du terme –
il faut du courage pour aller voir ses parts
d'ombres et de douleur pour les libérer.
Il faut apprécier l'exercice suffisamment pour
avoir plaisir à prendre son temps, cheminer
tranquillement.

Ce n'est pas une course, ce n'est pas une
purge de ce que l'on n'aime pas chez soi,
C'est un éclairage de ce qui EST.
Et ce qui est, EST. Point.
C'est là et c'est tout.

Accepter ce n'est pas se résigner.
Accepter c'est ouvrir son cœur à ce qui est,
et ôter le jugement que l'on mettait dedans.
Accepter c'est entrer en paix avec ce qui nous
faisait autrefois souffrir.
Accepter c'est gagner en légèreté.
Accepter c'est AIMER, car AIMER c'est
accepter sans juger.

"Je sais surtout que je ne sais pas tout", c'est
l'équilibre entre la découverte de soi et la
certitude de ce que l'on sait déjà.

Bon chemin à tous,

Apparences

L'ego se cache derrière de belles intentions, et actions.
Le cœur lui, laisse tout passer et le mental te fait croire que c'est laid.
Ce qui est laid c'est de filtrer et de ne pas être qui tu es.

Tu es Roi

Tu es là, comme un roi, impassible,
Tu observes du haut de ton royaume,
Tu es là et tu observes en monarque, sans juger, sans blâmer mais en étant toi.
Tu es celui que certains nomment "un noble guerrier", entre terre et ciel tu assures la continuité,
Tu es un repère pour tes paires,
Tu es ce mur pour tes ennemis,
Tu es cette douceur et ce réconfort pour tes amis.

Tu es là et tu es majestueux, parce que tu as su faire de ton être ton véritable royaume,
Parce qu'en toi vit une éternelle jeunesse,
Un soupçon de sourire mêlé à une infinie sagesse.
Tu es beau et noble car lorsque tous se dressent devant toi, tu ne vacilles pas,
Profondément ancré dans ta vérité tu te tiens droit.
Tu ne cherches pas à convaincre,
Tu es simplement qui tu es.
Tu es là et tu es toi,
Tu es roi,
Tu es ce guerrier de lumière qui garde en son cœur l'amour plutôt que la haine,

Tu es celui qui ne se laisse pas corrompre par la facilité de transgresser les règles,
Tu es celui qui résiste en continuant d'aimer,
Tu es celui tant admiré et détesté,
Tu es toi et tu es roi.

Tu es solitaire et tu es entouré, tu es tout ça à la fois.

Tu es roi, tu règnes sur ton royaume, tel un mage majestueux,
Ta lumière crée des ombres chez ceux qui ne veulent pas regarder en eux,
Ta lumière éclaire et illumine le cœur de ceux qui se cherchent,
Ainsi tu crées la division.

Nombreux sont ceux qui attendent ta chute,
Nombreux sont ceux qui espèrent te voir échouer.
Malgré cela tu n'hésites pas à être toi,
Tu sais qu'il ne peut en être autrement,
On ne fuit pas qui l'on est.

Et c'est pour cela que tu es roi,
Simplement parce que tu es Toi.

« Les petits pas mènent vers de grands succès. Ralentir ne veut pas dire faiblir. On gagne à ralentir pour poser un acte juste et efficace. »

Âme-Use toi

Âme-muse toi, sois ta muse à travers ce qui t'amuse.
Ta voie d'âme est dans ta légèreté à être et créer ce qui te fait plaisir.
Sois ton propre clown,
Sois ton propre guide,
Tu as bien souvent été ton propre bourreau,
Ta propre auto-critique, ton propre juge, et ton auto-déprime,
Il est temps de rééquilibrer un peu la balance.
Alors DANSE !

L'humour te décolle de ton sérieux, à haute dose il te camoufle trop lorsque tu n'oses pas t'affirmer et croire en toi.
Ne te cache pas derrière.
La dose c'est le poison.

Amusement - sérieux - amusement - sérieux - amusement - sérieux...

Ça ne vous rappelle rien ce rythme alternatif ?

Et votre cœur alors il bat comment ?

Lotus

Tu grandis comme le Lotus, les pieds dans la boue, la tête vers le ciel.
Entre ciel et terre. Entre ancrage et air.
Tu grandis avec cette double influence.
Tu apprends à les concilier, à les harmoniser, tu es au centre, ce toi qui unit ces deux polarités de ton être, tu es la jonction entre ton amour et tes peurs, entre ta bonté et ta méchanceté.
Tu es tel le lotus, la boue est ton terrain autant que le ciel et le soleil.
Tu portes en toi le germe de toutes les possibilités.
Cesse de croire que tu es "que" bon ou "que" mauvais, tu es une pluralité.
Cesse de te croire "irréprochable" ou bien "complètement nul"
Cesse de croire que parce que "toi tu ne ferais jamais ça", cela signifie que tu ne portes pas aussi ce germe en toi.
Tu es un TOUT. Tu es capable du meilleur comme du pire.
Et c'est ta liberté.

Naïveté

Êtes-vous naïf pour croire qu'il vous faut être parfait et que lorsque vous serez parfait alors vous serez apprécié de tous ?
Êtes-vous naïfs pour croire qu'un jour vous allez être tellement génial que vous allez convaincre tout le monde de vous aimer ?
Êtes-vous naïf au point de croire que je vous critique en disant que vous êtes naïf ?
Je vous provoque exprès.
Exprès par Amour, car vous méritez mieux que ce que vous croyez.
Comprenez bien une chose personne sur Terre, personne ne fait l'unanimité.
Personne, ne peut plaire à tout le monde.

Vous ne devez pas agir en partant du principe que c'est possible de passer entre les gouttes du jugement, de la jalousie, de la critique...

Commencez à agir avec pragmatisme et réalisme : vous ne plairez jamais à tout le monde.

Libérez-vous dès à présent en cessant de fuir votre peur.

Décidez chaque jour de la regarder en face, vous avez peur d'être jugé ?

Apprenez à vous exprimer, à vous exposer, et vous réduirez vos peurs.

Résilience

Résilience, je suis la souplesse en ton cœur,
souplesse intérieure je m'étire encore et
encore tel un muscle,
Je te mets face à une douleur que tu n'aimes
pas et pourtant...
Pourtant je m'étire, je te défais de tes
tensions, tu es à la croisée des chemins entre
l'envie de te contracter sous le poids de la
douleur et la nécessité sage de te détendre
pour favoriser l'étirement.

Résilience, je suis ici pour te rappeler de te
détendre même lorsque cela est inconfortable,
Je suis ici pour te rappeler de rester ouvert
face à tes instincts primaires,
Dans cette posture à contre sens tu
retrouveras le chemin de la non-résistance et
tu me trouveras moi, ta résilience.

Je ne suis pas douleur, je suis étirement,
j'étire ta faculté à ressentir, à te relever,
à jouir de tout ce que la vie a à t'offrir.
Je suis la souplesse face à la raideur de ton
ego,

Je suis la douleur simplement là où tu t'accroches : face à tes idées, tes projets, tes principes, tes croyances, tes relations...

Je suis la force douce qui te pousse à te détendre pour t'étirer vers une plus grande version de toi.
Je suis ici pour que tu n'oublies pas d'accueillir la peine avec autant de facilité que la joie, la colère avec autant de facilité que la paix,
Je suis ici pour te rappeler l'unité au sein même de la dualité.

Garde de toi de trop penser ou de décider, lorsque j'appuie sur ces zones sensibles en toi car alors je te fais perdre la raison.

Je suis résilience,
Je m'accorde de patience,
Je fais de toi une personne souple, d'autant plus souple que ta vie sera amenée à changer,
Le changement est inerrant à la personnalité,
Chaque fois que tu t'endurcis je surviens pour te ramener à la vie.
Tu me maudis mais, sans moi, tu ne serais déjà plus là.
Comment un cœur pourrait-il battre emmuré vivant par ton besoin de te protéger ou de ne pas ressentir ?

Remercie la douleur en ton cœur qui t'ouvre les portes d'une souplesse de vivre.

Avec Amour,

« Tant qu'on ne s'autorise pas à mourir, on ne s'autorise pas non plus à vivre. La mort et la vie sont chacune une facette de cette pièce qu'est notre vie. »

Certitudes

Ne te blâme pas pour ceci ou pour cela.
A quoi cela te sert ?
Cesse de croire dur comme fer que tu détiens LA vérité, cultive l'humilité, fait grandir en ton cœur le contentement, apprend à te réjouir de l'infiniment petit, le petit rien qui fait toute la différence.
Cesse de vouloir changer qui tu es.
Cesse de vouloir changer ta vie, fais la paix avec elle, alors seulement te seront révélés les grandeurs de ce monde.

Ne crois-tu pas qu'il est temps de dire adieu ?
A ton ancien toi, tes illusions, tes croyances, tes idéaux ?
Oui ton monde s'écroule et oui c'est une bonne chose !
Cesse de mettre du jugement partout, la destruction a autant de bienfaits que la construction.
Cesse de juger et passe davantage de temps à aimer.

Nous ne parlons pas d'aimer béatement, bêtement sans conscience et aimer juste quand cela t'arrange, quand cela fait briller tes idées, tes piliers que tu penses si solides.

Non aimer VRAIMENT, entièrement, sans jugement, ni envers l'autre, ni envers toi,
Aimer c'est avoir en son cœur un espace assez grand pour accueillir ce qui EST sans chercher à le changer.

Peux-tu faire cela ? Peux-tu cesser de juger et de croire que tout est grave, important ou dangereux ?
Peux-tu vivre légèrement, tout en étant conscient de l'ici et maintenant ?
Le peux-tu ?

Oui me dis tu,

Alors tu seras Libre
Alors tu seras pleinement heureux
Alors tu seras vivant

Entier
Alors tu seras un bout reconnecté, de cette éternité.

Circonstances

Si tu ne peux pas vibrer le neuf dans le vieux alors à quoi bon ?

Lorsque tu peux garder tes vieux habits en étant serein que cela ne fait plus de toi celui que tu étais, alors tu cultives ta force intérieure, alors tu n'en remets pas ton pouvoir à l'extérieur.

Alors tu vibres si fort que cet ancien habit ne fait plus de toi ce que tu ne veux pas, tu comprends alors qu'en voulant changer de vêtements précipitamment tu as la croyance de ne pouvoir le transcender.

Vibre tes changements intérieurs sans qu'il te soit besoin de les dire ou de les exposer.

Laisse-les s'imprégner, descendre en toi au point qu'ils jaillissent naturellement de tout ton être.

Le Corps

Le corps, l'âme, l'esprit, en un tout uni pour vous dans cette vie.
Le corps reflet de votre mission sur la Terre.
Le corps mal aimé, incompris tant dans ses fonctions vitales que subtiles.
Le corps menaçant, capricieux, malfaisant, souffrant, Le corps instrument, le corps avec lequel faire de l'argent.

Le corps vraiment, celui que l'on comprend, que l'on entend, le corps tel qu'il est réellement, le corps hébergeur de l'âme gardien des songes, le corps si seul parfois.
Le corps soumis à rudes épreuves face aux aléas de la vie, ce corps que l'on a tant chéri et qui finit rabougri, pourquoi avoir tout misé sur lui ?

Le corps bien incompris dans ce rôle de vie.
Corps, matière, ensemble réunis.
Corps de Vie Corps de chaire, corps à aimer, à respecter. Corps dessiné et préparé pour vous révéler votre êtreté.

Corps léger, corps ancré, corps souple, corps rigide, à chacun son corps, à chacun son trésor.

Assurance

Il m'a été donné l'occasion de vous parler.
En ce jour soyez rassurés, ne vous inquiétez pas de ne pas voir au-delà.
Tout est, tout va.
Point trop n'en faut.
D'un cycle à l'autre, d'une éternité sans fin à des débuts laborieux, soyez assurés que vous réussirez, ne cherchez pas vos rêves dans la pensée.
Celle-ci est trop vaste pour qu'ils y soient trouvés.
Bénis - Aimés - Soutenus - Compris.
Qui que vous soyez.
Nous sommes là pour aimer.
Que votre beauté soit révélée, laissez votre lumière jaillir et illuminer l'humanité.
De toute cette beauté ne soyez jamais rassasiés.

Conversation

Le cœur : je résiste à lâcher prise sur mon passé, en le laissant aller je souffre de perdre une partie de mon histoire, de ces gens que j'ai si fortement aimé.

L'âme : on ne perd jamais l'amour, c'est ton attachement à ces personnes qui sera rompu, une forme comme une autre de lien qui te retient, qui t'empêche d'être libre, un fer au pied, l'amour est sans frontières de temps ou d'espace

Le mental : moi j'aimerais bien que tout ça cesse ! et que ça se referme une bonne fois pour toute, on ne peut pas bien avancer dans de telles conditions non ?

L'âme : laisse au cœur le temps dont il a besoin, lui seul connait le chemin. On avance bien plus fort en étant sans conflit interne, et ce, même avec des blessures qui saignent. L'amour peut tout.

Le cœur : longtemps je me suis forcé à cicatriser, comme si je forçais le rythme, j'aime à vivre en prenant mon temps, que puis-je faire maintenant de ce qui me pèse tant ?

L'âme : laisse faire et laisse ÊTRE.
Tu es en pleine santé tant dans la joie que la douleur, signe de vie, laisse cohabiter en toi ce qui EST, sans juger. Regarde, n'as-tu jamais été pleinement heureux et joyeux ces derniers temps ?

Le cœur : ô que si ! j'ai connu de grands bonheurs, rien que d'y penser j'en ai le sourire aux yeux !

L'âme : alors tu vois...accueille et reçois cette lourdeur avec autant de simplicité que tu le fais pour ta légèreté, tout va bien, il n'y a aucun problème à régler, aucune plaie à cicatriser, il n'y a qu'une partie de ton histoire qui a, aujourd'hui, envie de te visiter.

Le mental : oui mais moi je préfère la légèreté! Il ne faut pas charrier c'est quand même plus agréable !

L'âme : ce qui rend une chose désagréable c'est de la juger comme telle. Cesse de juger, tu cesseras de résister,
et tu cesseras de souffrir. Tu crées tes propres chimères mon ami.

Le mental : hum....tu as tellement raison ... MERCI.

Je n'attends plus

Aujourd'hui, je me dis OUI,
je n'attends plus un jour meilleur,
je n'attends plus d'avoir totalement guéri mon cœur,
je n'attends plus un autre ou une aide extérieure,
je n'attends plus un autre "demain",
je commence dès aujourd'hui car c'est aujourd'hui que je dispose de ma vie,
je n'attends plus pensant que je vivrai encore dans 5 ou 10 ans,
je prends conscience de l'ici et maintenant,
je n'attends plus pour m'aimer vraiment,
je m'ouvre à moi et en grand,
je me relis à tout ce qui me rend puissant,
je n'attends plus après mes espoirs perdus,
je n'attends plus que le passé soit modifié,
je pars au présent,
je me reconnecte à ma joie d'enfant,
je me rappelle que j'ai le droit,
d'agir et de vivre tout simplement,
je n'attends plus qu'on croie en moi pour essayer,
je n'attends plus d'avoir toutes les sécurités,
je n'attends plus d'avoir changé ,
je n'attends plus,

je cesse de tourner le dos à la vie qui s'offre à moi chaque jour,
je fais le choix de délaisser mon passé,
je fais le choix de regarder devant moi,
je me rappelle que je suis libre de ma vie libre d'être ici,
je n'attends plus une seconde pour me souvenir,
pour vibrer,
pour rire et sourire,
pour partager,
pour rayonner,
pour pleurer,
pour exprimer,
pour libérer,
pour me régaler,
de cette vie que j'ai trop longtemps ignorée,
j'ouvre les yeux à tout ce qui me tend les bras ici et là,
dans ces petits "rien" qu'on appelle quotidien je rêve en GRAND ,
et je vis l'instant présent.

S'ouvrir

Ouvre les portes de ta grandeur, ouvre la porte de ton cœur, ouvre, ouvre, ouvre.
Ouvre chacune de tes cellules à ce qui te fait peur, ouvre cette porte et sors, oui SORS de là, sors de la peur.

De nouvelles voies, de nouveaux choix s'offrent à toi.
Le goût de l'inconnu, le parfum d'un passé révolu et ce goût amer d'une vie vécue, l'ego s'effrite devant ce sentiment de "perdu".

"Non ne pars pas !" Dit l'ego, un peu maso. Accroché dur comme fer à ce passé qu'il connait, il voudrait t'empêcher d'avancer.
Par peur.

Alors si tu veux voir ce qui t'attend de l'autre côté de ta vie, dans cette meilleure version de toi dont tu parles chaque fois, alors lance toi, jette toi, et réveille tes amis : curiosité, volonté, bienveillance, espérance, tolérance, patience.

Tolère la peur, ouvre-toi à elle, mais ne la laisse pas t'enfermer ni t'emprisonner.

Car alors tu périras dans une attente au goût d'éternité, tu pleureras qu'on vienne te délivrer, t'aider, te sauver, sans même comprendre que c'est toi même qui t'es enfermée.
Par peur.

Chaque fois que tu as peur mon âme-ie, branche-toi sur ton cœur.
Lui seul saura toujours te guider et te délivrer de ta torpeur.

Ouvre, ouvre, ouvre.

Ouvre grand ton cœur, ne renie pas tes doutes, et tes chagrins, ouvre-toi à tout ça et en conscience fais le pas de l'espérance : décide d'avancer.

Non par lutte, non par rejet, mais par Amour de la vie.

Ouvre, ouvre, ouvre,

Ouvre-toi à ce qui te ferme et alors jamais plus tu ne craindras d'être maitrisé,

Tu seras libre.

Guidance

Oublie ce que tu sais, découvre ton inconnu,
Relève-toi, met toi à nu, l'aventure n'est autre
que toi te découvrant nouvelle, nouveau,
chaque fois.

Arrêtez-vous bande de fous.
Je me place ainsi en ton cœur entre toi et la
vie, souvent je t'avertis et tu n'écoutes pas.
Je suis là quoiqu'il en soit, cesse de douter de
toi.
Voilà ce que moi je vois : tu es si beau,
Si belle, tu es éternelle, merveille de l'univers,
cesse de t'en faire.
Immaculé, c'est en toi que j'inscris mes pas,
c'est à travers toi que j'accomplis mes œuvres
de foi.

« Ressens la vie au lieu de chercher à
l'expliquer,
Arrête de penser et recommence à
t'émerveiller,

Comprendre ce qui se passe en soi est plus
bénéfique que toutes les actions que tu
pourrais prendre.
Prend un temps en silence pour être avec toi
et t'écouter.
Ensuite, ton cœur te dira ce qu'il faut faire.

Mais pas avant.
Ne te sens pas obligé de t'aimer.
Sois, vibre qui tu es. Sans jugement.
C'est ça être pleinement soi. L'injonction au bonheur n'existe que dans l'univers du mental et des peurs.

Toi au cœur d'or, toi qui cherches ton trésor. Accueille ce que tu es, accueille-le pleinement et tu seras récompensé au comptant ».

L'âme

Je suis là où je suis, je suis là où me porte la vie, je suis moi et j'en suis fière, je suis ici et maintenant, ni plus ni moins qu'à cet instant.

Et toi qui écoute ceci, il n'est point de succès qui s'affaiblit, crois en toi, crois en moi, c'est cela que la foi.

Vulnérabilité

Ces passages émotionnels vous font vous sentir fébriles, vous vous sentez vulnérables, « touchables », et c'est ce que nous aimerions vous faire comprendre : c'est que vous rechignez à vivre ces moments qui sont pourtant une partie intense et sublime de votre véritable nature.

Soyez vulnérables ! Abaissez vos barrières, soyez touchés par la vie comme cet enfant qui s'émerveille de tout pour la première fois. Votre identité est légère.

Cessez de vous enfermer dans des cadres. Vous êtes sans limites, infinis, vous êtes invincibles, vous êtes faits pour être sans armure.
L'armure ne protège que ce lui qui pense pouvoir être brisé. Vous êtes intouchables à partir du moment où vous êtes ici, avec nous. Être avec nous c'est être dans le cœur, dans la compassion, dans l'ouverture, le lâcher prise, dans la fluidité. Cela vaut pour chacun d'entre vous.

Sachez que vous êtes aimés, d'une puissance infinie, vous êtes protégés, cessez de vous inquiéter, ressentez mes amis, ressentez, venez nous rendre visite ici où tout est léger.

Vous menez des vies misérables pensant que l'amour est difficile à trouver mais ce n'est pas vrai.
L'amour est partout, venez, venez avec nous, vous verrez que jamais plus vous ne vous sentirez « pas assez ».

Vous êtes aimés d'une puissance infinie, mais pour comprendre cela, il vous faut vous ouvrir à la vie.
On a jamais vu quelqu'un jouir d'un cadeau sans d'abord, avoir ouvert ses mains pour le recevoir.
Ouvrez-vous, allégez-vous, il est temps, il en va de votre vie.

Dualité

Être honnête envers soi, oser se regarder tel que l'on est et non tel que l'on voudrait être.

Cesser de résister, et regarder en face.
Cesse d'esquiver.
Être courageux et oser se regarder droit dans les yeux.
Se voir sous toutes ses coutures, se voir sans armures, se voir dans la fermeture, comme dans l'ouverture, et sur soi, ne plus vouloir mettre de couvertures.

Oser montrer son être.

Pour soi, pour être vrai et entier, avec soi.

Se mettre à nu et se dire « voilà c'est moi, ce n'est que moi et c'est tout moi, c'est tout cela à la fois. »
Je suis sombre et lumineux, je suis paix et colère, je suis foi et terreur, je suis amour et haine, je suis courage et peur, je suis ce que j'aime et ce que je déteste.

Je suis la présence entre les deux, je suis le « *et* » entre chacune des parties de mon être, et parce que je suis ce « *et* » alors je suis ce « *est* ».

Je suis ni l'un, ni l'autre, je suis l'un « *et* » l'autre.
Je suis la présence sur le fil du milieu, allant et venant constamment, d'un côté puis de l'autre.

Je suis la dualité unie et réunie sous un même esprit.

A moi d'y cultiver l'harmonie.

Message de l'âme

Bonjour je suis l'âme, celle perdue, celle que l'on entend plus, celle qui crie mais que l'on tait.
Je suis l'humanité, je suis le cœur et la générosité.
Je suis celle que l'on maintient enfermée.
Je suis l'âme avec une grâce, docile,
Je m'approche des oreilles attentives, celles auprès desquelles je peux espérer une aide, une écoute.
Que se passe-t-il ici pour que plus personne ne m'écoute ?

Je me sens prise dans un tourment,
Je ne comprends plus les gens.
Certains sont comme déconnectés d'eux-mêmes, ils sont là mais ils errent,
Le regard perdu dans le néant, ils ne savent plus qui ils sont vraiment.
Je suis sensible et sensiblement témoin de tout ce qui se joue.
Que se passe-t-il ici sur Terre ?
Il semblerait que l'humain ait rompu avec son originalité. Il semble vouloir vomir son être comme si toute forme d'humanité le dégoûtait.

J'ai l'impression d'assister à un étrange film dans lequel l'être et l'humain ne se retrouveraient plus.

Une danse désarticulée, désharmonisée,
Les gens tombent comme des mouches, malades les uns après les autres, car, dissociés, disloqués, ils tombent comme on tomberait en lambeaux.
Je suis l'âme et je crois que j'ai envie de crier, de hurler même, non pas par folie ou par colère, non, je suis au contraire très sereine, je crois que j'ai envie de ça comme on a envie de respirer un bon coup.

Les gens étouffent. Je regarde avec tendresse et douceur, ces gens glisser tout doucement vers l'asphyxie du cœur.
Etrange sensation d'endormissement,
de ralentissement, on se fond peu à peu dans du coton, désensibilisé, ne s'étonnant plus de rien.
Comprenez que dans de pareilles circonstances, la sensibilité est un don,
un précieux antidote contre ce poison de désensibilisation.
Sentez votre corps, imaginez le vivre enfermé dans du cellophane, imaginez le suer, transpirer, souffrir de cette chaleur enfermée à l'intérieur. Imaginez les bactéries se développer à vitesse grand V, et imaginez dans quel état vous seriez….

C'est ce qui se passe lorsque l'âme est maintenue enfermée de force par le contrôle et la rigidité. Plus personne ne vit dans le cœur ou dans le ventre, ils sont tous perchés là-haut dans le mental.

Celui qui ne ressent pas, celui qui juge, pense, analyse, décortique, celui qui contrôle, celui qui vit petit et se croit puissant.
Je suis l'âme et je voudrais que vous me laissiez respirer.

Vous m'accordez cela chaque fois que vous croyez en moi. Chaque fois que vous vous dites « allez j'essaie et on verra », chaque fois que se passe en vous quelque chose, une impression, une sensation, que vous décidez d'écouter.

Je suis l'âme, celle pour qui respiration rime avec intuition
je vous en prie, laissez-moi respirer
cela fait combien de temps que vous ne vous êtes pas connecté ?

Alchimiste

Chaque fois que tu lâches la bride, tu sens ce flot immense et intense d'énergie s'engouffrer en toi.
Tu t'en réjouis, tu t'en délectes et puis très vite tu retournes à l'intellect.
Il ne faudrait pas que cela soit trop agréable.
Ça ne peut pas être si facile !
Alors par à coup tu vis à demi-mesures.
De plus en plus souvent et de plus en plus longtemps tu parviens à maintenir ce flot ouvert, sans contrôle, de plus en plus tu deviens familier d'une telle facilité.
Il t'a fallu cheminer, trébucher, et recommencer.
Il t'a fallu tout ça pour arriver jusqu'à toi.
Jusqu'à ce jour où tu as ouvert les yeux sur ton royaume.
Tout prend alors une autre dimension au sein même d'une identique situation.
Tu te sens relié, connecté, tu fais confiance car tu réalises que la confiance c'est s'en remettre à plus grand.
Pas plus grand que soi, mais plus grand « en » soi.
Plus grand que ce que l'on pense être soi.
Un jour tu découvres une parcelle de ton pouvoir créateur et tu n'en reviens pas…

Et c'est aussi beau que ça…
Tu es toi, et c'est cela qui constituera véritable mission de vie : Être.
Être soi.
Se connaitre assez pour se voir tel quel et pourtant s'aimer.
En alchimiste, tu transformes tout ce qu'autrefois tu cachais, en véritable point d'appui.
Tu es cet aventurier parti à la conquête d'un autre sens dans ta vie
Tu es cette âme courageuse qui s'aperçoit finalement que le voyage ne l'a pas mené à un autre endroit mais à un autre regard sur soi.

C'est cela la véritable transformation.
Invisible, intérieure. C'est cela l'éveil.
C'est être comme avant mais se voir autrement.
C'est sortir du sommeil des illusions.
Apprécie et savoure car ce voyage ne fait que commencer, tu es qui tu es et c'est déjà parfait.

Facette

Vous ne voulez embrasser qu'UNE seule facette de la pièce de votre vie.
Vous aimeriez le bonheur la liberté sans en perdre la mesure ni la responsabilité.
Vous voulez en revanche que l'on fasse exception avec vous et que l'on vous embrasse sous TOUTES vos facettes.

Mais comment cela serait-il possible puisque ce monde que vous voyez n'est que le reflet de vos propres perceptions.
Aussi longtemps que vous rejetterez une partie de vous-même ou de votre vie,
vous chercherez en vain une union qui n'existe pas. Tout prend vie ici. Non là-bas. »

*« Demandes toi ce que tu fais là ?
Est-ce vraiment toi, ou est-ce la version de
toi emprisonnée dans des schémas limités ?
Qu'as-tu vraiment envie de réaliser ? »*

Voiles

Sortir des voiles de l'illusion,
Cesser de croire que vous avez raison,
Commencer à se questionner,
Sortir des projections,
Sortir de votre prisme,
Regarder autrement,
Voir sans jugement,
Juger c'est rejeter,
Rejeter ce n'est pas aimer,
A présent, vous savez.

Mémoires Karmiques

Les mémoires que nous portons,
Ces mémoires issues de toutes ces histoires
Trahisons, abandon, mort, déception…
Les mémoires vivent en nous, en dehors de notre conscience.
Tout se joue sur de multiples dimensions.
Nous pouvons donc réécrire nos histoires.
Vous n'avez pas à aller gratter, la mémoire vient à vous lorsque vous êtes prêt, elle éclot, elle jaillit lorsque vous êtes « mûrs » pour la recevoir, en tirer profit, afin de mieux comprendre votre vie actuelle.
La mémoire dit *« j'ai un message pour toi, un message d'amour, envoyé par une autre version de toi, dans une autre vie, cette mémoire est là pour t'aider à faire de nouveaux choix »*
La mémoire n'est pas là pour flatter l'ego ou perturber le mental, mais simplement pour renouer avec le cœur.
Beaucoup de mémoires font jaillir des traumas, pour comprendre ce qui nous a mené là…. A vivre ça…
Une fois que nous aurons intégré, la mémoire s'en ira, s'évaporera.
Tout est message, tout est langage,
le seul décodeur se trouve en ton cœur.

La vie suit des cycles. Nous sommes toujours libres.
Les cycles se répètent à l'identique,
au point de nous faire recroiser dans ces vies-ci des personnes connues dans ces vies-là.
Avec toujours la même liberté, celle, un jour, d'arriver à faire un autre choix.
« game over même joueur joue encore »
Beaucoup d'entre nous portons la mémoire : aimer = trahison.
S'en vient alors l'expérience du pardon.
Pardon à l'autre, et puis surtout pardon à soi.
Le pardon à soi d'avoir simplement été « soi », avec innocence et naïveté.
Se pardonner d'avoir aimé sans peur, sans méfiance, se pardonner d'avoir aimé, d'avoir fait confiance, pardonné au cœur d'avoir simplement été qui il est.

Rouvrir son cœur.

Comment faire pour retourner au cœur avec confiance, innocence lorsque l'on sait que les autres peuvent être mal intentionnés ?
Comment faire confiance à son cœur quand il nous a mené à faire des erreurs ?
Comment faire tout ça ?

Peut-être en se réconciliant avec soi.
En se rappelant que c'est le jeu de la vie sur Terre, que cela comporte des risques.
Tout le monde peut se tromper.

L'essentiel c'est peut-être de toujours finir par oser recommencer.

Et nos peurs dans tout ça ?

« Un jour viendra où tu sentiras ce vent en toi de reprendre foi, et alors ta lanterne s'éclairera. Ne crains rien, car aussi longtemps que tu partageras avec les tiens, ils seront ce mur auquel tu tiens. Car vois-tu, c'est dans l'ouverture qu'est ton armure.
Cesse de faire cavalier seul.
Relie-toi au monde.
Relie ton cœur à ceux qui t'entourent.
Ils seront tes yeux lorsque tu tomberas amoureux ».

Soulève cette illusion que la solitude te protège.

Canal de Vie

Qu'as-tu oublié ?
De tes rêves, de tes besoins, de tes envies,

Qu'as-tu oublié ?
Derrière quoi as-tu commencé à te cacher ?
Des manques de temps, d'argent, de compétences, de présence ?

Des surplus ? De travail, de charges, de contraintes, de responsabilités ?

Derrière quoi as-tu caché tes rêves ?
Sous quoi as-tu enterré ton être ?

Je crie, je hurle, qu'on m'entende car je ne me tairai pas. Je suis là, je suis la vie en toi, à travers la voix du cœur.

Tu m'as oubliée lorsqu'à chacun de mes besoins tu m'as dit « pas grave », « plus tard », « on verra », «je ne peux pas ».

Tu m'as trahi chaque fois que tu as laissé en plan ce qui pour moi comptait vraiment.

Tu m'as abandonnée toutes ces fois où tu ne m'as pas écoutée.

Tu marches sur mes rêves, tu marches sur mon cœur et malgré ça tu espères le meilleur ?
Mais quand vas-tu redescendre et faire profil bas ? Quand vas-tu enfin te rendre compte que tu ne me respectes pas !

Quand vas-tu enfin comprendre que tu me fais vivre l'enfer, que tu me négliges et m'esclavagises ! Quand vas-tu enfin revenir à toi, à moi ?

Quand vas-tu voir que c'est sur TOI que tu marches, et que si tu te traites comme ça alors il est normal que les autres le fassent aussi.

Quand vas-tu cesser de te cacher derrière les autres, quand vas-tu cesser de leur rejeter ta responsabilité.

Quand vas-tu comprendre que demain n'existe pas et qu'il n'y a que des « aujourd'hui » que des « maintenant ».

Quand vas-tu comprendre qu'on ne négocie pas avec la vie, qu'on ne peut être à moitié vivant ou mort à moins d'être mort vivant.

Quand vas-tu sortir de l'illusion de l'entre deux. La vie ne fait pas de compromis.

Tu vis ou tu meurs. A l'intérieur.

Tu peux te mentir encore longtemps, ou décider de m'écouter ne serait-ce qu'un instant.

Je te demande sincèrement de sonder ton cœur, pour répondre à cette question : la vie que tu mènes actuellement te fait elle vibrer ?

Réellement ?

Je t'aime.

De Cœur à Cœur

Nombreuses sont les âmes à avoir le cœur meurtri.
Des amours blessés, des amours trahis,
Il est parfois dur de se relever.
Parce que les aléas de la vie vous ont amenés à vous fermer, vous risquez, mes amis,
de vous empoisonnez.

Car voyez-vous, le cœur ne peut tourner sur lui-même, il ne peut que donner, donner et recevoir.
N'ayez plus peur de rouvrir votre cœur, car une fois fermé, il se meurt.
Il se meurt pensant être préservé.

Laissez rayonner votre amour, votre foi,
n'ayez plus honte de qui vous êtes.
La gentillesse, la bonté, la générosité sont de réelles forces déguisées en pseudo fragilité.

Ayez foi de vous rouvrir à moi,
Ayez ce courage d'oser aller de l'avant quel que soit votre âge.

Car une âme damnée est une âme qui ne sait plus aimer.

Car une âme malade est celle qui ne sait plus pardonner.
Je vous souhaite de ne jamais vous éloigner du chemin du cœur, quelques soient vos erreurs, vous méritez le meilleur.

Alors allez et n'ayez plus peur.

Je marche à vos côtés,
Chaque fois que vous essayez, le cœur serré, empli d'humilité,
Chaque fois que vous recommencez.
Je suis là à chaque fois que je vous vois, vous perdre dans le désarroi.
Je suis là pour que vous me maudissiez moi, lorsque ça ne va pas,
Je suis là pour absorber tout ça afin que jamais, contre vous, vous ne redirigiez votre haine ou votre peine.
Donnez là moi, je la prendrai dans mes bras.
Je suis là silencieux, derrière chacun de vos pas, même si je n'interviens pas.
Je suis là de toute ma présence, de toute ma bienveillance.
Quelle que soit votre façon de vous relier à moi, je suis là, que vous y croyiez ou pas.
Je suis là.
Je vous aime et guide vos pas.
Je suis là et vous tends les bras chaque fois que vous avez besoin de revenir vers moi.
Je vous accueille, je vous berce, je vous réconforte et vous console.

Je suis là, seulement voilà...
Je suis justement là où vous ne regardez pas.
Je suis là en cet endroit, en celui que vous maudissez, en celui que vous négligez et que vous bloquez.
Je suis là dans ce connecteur que l'on appelle le cœur.

Puissiez-vous, comme je le fais,
vous pardonnez vos erreurs.
Puissiez-vous revenir à votre douceur.
Puissiez-vous oser gouter à nouveau le fruit de la Vie.

Allez, souriez, mes âme-ies.

Un mot de fin...

Cette aventure a commencé alors que tout doucement je me remettais à écrire. J'ai toujours aimé dessiner, et écrire, mais ce n'est que bien plus tard à l'âge adulte que j'ai éprouvé le besoin de m'y remettre.

Très vite j'ai ressenti les bienfaits de l'écriture, elle avait comme personne, ce pouvoir d'apaiser mon mental, avec elle les pensées ralentissaient et je me reconnectais à un rythme naturel exempt de toute agitation moderne.

J'ai donc commencé comme ça, simplement en écrivant dans mes cahiers pour mon bien être personnel.

Puis, alors que je travaillais encore en tant que salariée, par moment je ressentais l'envie pressante, (très pressante !) d'écrire, je recevais des textes à transmettre, des inspirations, comme un élan du cœur, et vite, vite, vite, il fallait que je trouve quelque chose pour noter : un bout de papier ou bien une page word.

Je déversais alors le flot de pensées, d'émotions et de sentiments, qui passaient par là et en une fraction de seconde, je revenais à mon travail, comme si de rien était.

De plus en plus ces inspirations ont commencé à venir et ensuite, j'ai appris intuitivement comment m'ouvrir à cet état de réception pour pouvoir, si je le voulais, en retranscrire sur commande (quoique je préfère les surprises).

Avec le temps les textes se sont accumulés un peu partout, j'en partageais sur les réseaux sociaux et puis de nombreuses personnes me disaient d'en faire un recueil.

Ce n'est que des mois plus tard qu'une inspiration d'une très grande clarté m'est tombée sur le coin du nez en me disant *« Elise sors ce recueil ! »* ok chef, (lol).
Ni une ni deux, je me suis amusée à élaborer une couverture qui m'inspirait, celle de la première *Magie des Mots* avec un livre et de la lumière qui en jaillit.

Le titre s'est imposé à moi naturellement, *« La Magie des Mots »* tout était fluide et facile.

Tout ceci s'est fait en deux semaines. C'était magique c'est le cas de le dire.
Alors le premier livre est sorti, c'était assez dérangeant pour moi de voir cela dispersé au grand jour.
Et puis la magie a opéré d'elle-même : TOUTES les personnes ayant lu le livre l'ont non seulement adoré, mais en plus elles l'ont offert

à des proches et ont dispersé encore davantage la magie. Pour moi c'était assez fou..
La magie a touché les cœurs et les âmes de celles et ceux qui avaient tout simplement envie ou besoin de la recevoir. De 20 à 80 ans.

Les retours des lecteurs m'ont confirmé une chose que je ressentais tout au fond de moi lorsque j'avais ces inspirations : le langage du cœur, à travers les émotions qu'il génère, est universel. On peut s'opposer sur des concepts, sur des théories, mais lorsque la vie se fraie un chemin pour venir jusqu'à nous et nous parler en direct, elle met tout le monde d'accord.

C'est là que j'ai vraiment compris qu'il était important que chacun ose partager SA magie.
Que celle-ci soit artistique, ou bien mathématique, si vous avez un domaine dans lequel vous aimez y mettre votre cœur, votre amour, un instant dans lequel vous sentez en vous cet espace qui s'ouvre, alors partagez le, car la magie a de multiples visages.

La magie c'est l'âme qui agit, et celle-ci tire toute sa puissance lorsqu'elle transmet de l'amour et de la joie.
Votre cuisine est un art, votre bricolage, votre jardinage, tout ce dans quoi vous mettez votre cœur est un soin en soi.

A ce jour j'aime à penser que la magie se diffuse à travers les mots que j'ai pu poser ici. Je suis humblement heureuse de retranscrire ces inspirations de vie, certaines viennent de mon âme, et certaines viennent de plus haut.

Tout ceci est parti d'une envie d'écrire, écrire sans « vouloir » faire de belles phrases, tout simplement écrire ce que je ressentais, intuitivement.

Et si je l'ai fait vous le pouvez aussi. J'en parle dans le *Guide d'Ecriture Intuitive*.

Merci de m'avoir lu, et merci de partager cette magie autour de vous. Faites vous confiance, suivez-ce qui vous semble naturel.

Avec Amour,

Elise,

Messagère entre Terre et Ciel,

Ps : Retrouvez moi sur instagram ou par mail si vous souhaitez me faire un retour de vos lectures, je serai très heureuse de vous lire.

elise.frenchplume

Elise FrenchPlume

Elise Frenchplume

www.myfrenchplume.com

Contact : elise.frenchplume@gmail.com

Copyright ©2021 Elise Frenchplume

Tous droits réservés

Printed in Great Britain
by Amazon